JÜRGEN MÜLLER

WAS DE SAARLÄNNA ALLES FUMM PÄLZER LERNE KANN

WAS DER SAARLÄNDER ALLES VOM PFÄLZER LERNEN KANN

COPYRIGHT BY JÜRGEN MÜLLER, VÖLKLINGEN
AUFLAGE 1
COVERGESTALTUNG BY JÜRGEN MÜLLER
HERSTELLUNG UND VERLAG:
BOD – BOOKS ON DEMAND, NORDERSTEDT

ISBN: 978-3-7578-5260-3

JETZT WEESCHDE BESCHEED !!!